Aida Islam
Stefanija Leshkova Zelenkovska

Tradição musical dos Yuruks

Aida Islam
Stefanija Leshkova Zelenkovska

Tradição musical dos Yuruks

Parte Ocidental da República da Macedónia

ScienciaScripts

Imprint
Any brand names and product names mentioned in this book are subject to trademark, brand or patent protection and are trademarks or registered trademarks of their respective holders. The use of brand names, product names, common names, trade names, product descriptions etc. even without a particular marking in this work is in no way to be construed to mean that such names may be regarded as unrestricted in respect of trademark and brand protection legislation and could thus be used by anyone.

Cover image: www.ingimage.com

This book is a translation from the original published under ISBN 978-3-659-86040-9.

Publisher:
Sciencia Scripts
is a trademark of
Dodo Books Indian Ocean Ltd. and OmniScriptum S.R.L publishing group

120 High Road, East Finchley, London, N2 9ED, United Kingdom
Str. Armeneasca 28/1, office 1, Chisinau MD-2012, Republic of Moldova, Europe
Printed at: see last page
ISBN: 978-620-8-32292-2

ÍNDICE

PREÂMBULO

O interesse em estudar a tradição musical de Kodzadzik resultou do conhecimento do rico passado histórico deste lugar, das especificidades da população - turcos Yuruk - e da origem das raízes familiares do grande líder, pai da Turquia moderna - Mustafa Kemal Ataturk. O aprofundamento do material de pesquisa revelou uma fonte inesgotável de património musical folclórico em que a tradição até hoje, apesar do estreitamento de algumas partes da prática musical, bem como do repertório musical, ainda desafia orgulhosamente os desafios da vida moderna. Tudo isto decorre do amor primordial, do respeito e da necessidade da população de preservar os valores da tradição herdada como um selo da sua identidade pessoal, porque as canções são uma fonte e um testemunho, um companheiro cronológico e uma espécie de documento criativo de muitos acontecimentos que foram criados ao longo dos séculos ou que existiram entre eles.

Neste livro, investigámos este processo complexo em termos dos indicadores mais marcantes das tradições musicais - instrumentos musicais, conjuntos performativos, repertório e danças, com ênfase nas cerimónias rituais mais massivas e mais comuns - os casamentos.

À luz dos costumes do casamento em Kodzadzik, podemos descobrir as experiências interiores e os sentimentos de toda a comunidade que criam uma ideologia especial para a génese e o significado da cerimónia do casamento na manutenção da tradição. Estes laços inquebrantáveis do passado com o presente contribuíram para estabelecer uma piedade especial em relação aos casamentos como cerimónias impressionantes com caraterísticas autóctones que são criadas e fixadas ao longo dos séculos e que reiteram sempre a unidade da comunidade e reforçam a matriz cultural.

As mudanças nas estruturas sociais, a migração das aldeias para as cidades, o desenvolvimento dos meios de comunicação social, bem como as mudanças orientadas das formas sociais tradicionais para as contemporâneas são factores que contribuem para a redução do repertório musical tradicional. Este processo começa com a migração em massa da população turca para a República da Turquia durante os anos 50-60 do século XX, o que reduz o potencial musical ativo. O papel principal no estreitamento do repertório é o domínio do repertório da República da Turquia, especialmente na população mais jovem, através do satélite, da televisão por cabo e da Internet.

Esta situação foi confirmada pelos estudos que se realizaram nos últimos anos, através da recolha de campo, gravação e acompanhamento de determinados eventos mundiais em que a música desempenha um papel significativo. A partir da informação recolhida foi criada uma base de dados que permitiu a perceção da tradição musical atual e a confirmação da tese inicial.

O quadro metodológico do livro abrange a retrospetiva do desenvolvimento histórico de Kodzadzik, a tradição musical e as cerimónias tradicionais através do segmento musical. Na investigação empírica qualitativa foi também utilizado um material visual, a fim de sublinhar a dimensão visual da narração interna como artefacto material e prova da sua autonomia. Neste sentido, o livro contém muitas fotografias que confirmam a autenticidade da cultura tradicional desta região e contribuem para a apresentação da tradição musical da população turca neste território.

Com o seu conteúdo, tratamento e apresentação do material, o livro não pretende ser abrangente e, ao mesmo tempo, tende a suscitar um interesse científico pelo estudo das identidades étnicas através das formas musicais.

Pelos autores

INTRODUÇÃO

Quando mencionamos a palavra tradição, pensamos imediatamente no passado. É certo que o passado, tomado semanticamente, está associado a algo que não pode ser restaurado. No entanto, somos testemunhas de que, na construção de algo novo e moderno, voltamos muitas vezes ao passado e, desta forma, atravessamo-lo viva e continuamente de novo (Sims, 2010: 66).

A hiperexpansão da tecnologia, bem como as migrações na vida moderna, representam factores de mudanças significativas da tradição, não só nas zonas urbanas mas também nas zonas rurais, devido à adaptação aos benefícios da vida e à mudança de gosto. Estas condições criam frequentemente um fosso entre o passado e o futuro e, como resultado, as novas gerações são formadas por um conhecimento reduzido das formas passadas de partilha cultural. Surgem novas realizações, que não são apenas um produto da adaptação e dos processos culturais, mas são também novos sistemas de qualidade de motivações criativas que contribuem para a modificação dos valores tradicionais. Assim, a tradição pode ser vista como um equilíbrio entre os elementos que mudam e os que permanecem inalterados.

Esta situação também se reflecte nas zonas rurais da República da Macedónia através da urbanização que resulta em mudanças diárias no estilo de vida da população. Entre outras coisas, as zonas rurais perdem gradualmente o seu carácter anterior devido ao declínio da continuidade na transmissão da sua própria tradição cultural. Deste modo, os exemplos arquetípicos da música popular - o pastor que toca flauta, as canções de trabalho ou as canções de embalar - estão a tornar-se cada vez mais raros nestas zonas da Macedónia.

Entre as povoações rurais da população turca na Macedónia existem comunidades específicas que se caracterizam pela autoctonia geográfica, etnológica e linguística. O elevado grau de isolamento físico, cultural e linguístico conduziu a uma coesão comunitária mais pronunciada e contribuiu largamente para uma preservação mais longa do património cultural, incluindo a tradição musical.

Uma das poucas aldeias que se caracteriza por estes atributos é Kodzadzik, situada em Debar, na Macedónia Ocidental. Apesar da sua localização isolada, esta aldeia atrai até hoje a atenção da comunidade internacional pelo facto de ser o local de nascimento da família do pai da Turquia moderna, Mustafa Kemal Ataturk. Ao mesmo tempo, o facto de o património musical ainda conservar em grande parte a sua forma autêntica torna este local único entre as povoações rurais turcas do país.

Os factores que, entre outros, contribuíram para a preservação das especificidades culturais e, consequentemente, para o património musical desta população são a localização geográfica da região, as infra-estruturas rodoviárias pouco desenvolvidas e um profundo respeito pela tradição cultural inerente.

A localização destas aldeias de alta montanha levou ao isolamento da população das influências circundantes, em particular das zonas urbanas, pelo que a comunicação principal se processava num círculo estreito e isolado com as aldeias vizinhas. Um fator adicional que contribuiu para a manutenção de um elevado grau de autenticidade do património musical foram os casamentos celebrados exclusivamente entre residentes desta região. No entanto, é crucial a introdução tardia de infra-estruturas rodoviárias que permitem uma comunicação mais alargada e, consequentemente, um avanço das caraterísticas modernas e da informação.

A música folclórica de Kodzadzik, em função das condições sociais e materiais que se caracterizam por numerosas particularidades, caraterísticas específicas e desenvolvimento histórico, exprime a vida deste grupo étnico ao longo dos séculos da sua existência. Uma das principais caraterísticas do folclore musical desta população é a transmissão, que se baseia em parâmetros fundamentais como a transmissão oral, a devoção à tradição, a variação, o anonimato e a coerência com padrões estabelecidos. Neste processo mútuo de esforços e actualizações individuais e colectivas, as obras musicais tradicionais anónimas foram continuamente entrelaçadas. Estas pérolas do génio popular, que foram transmitidas de pessoa para pessoa, de geração para geração, foram sujeitas a constantes mudanças sob a influência das capacidades individuais do intérprete, do ambiente, do interesse do meio social e afins.

A tradição musical atual em Kodzadzik é um dos factores vitais que sublimam e transmitem continuamente os acontecimentos de muitos séculos de história rica. A música que é executada em várias ocasiões que contribuem para a manutenção da vida social e para a integração da comunidade reflecte ainda o grau de preservação da tradição. De facto, a música é um mecanismo de paragem do tempo, e o mesmo se pode dizer, em geral, do processo ritual (Levi-Stros, 1982). Naturalmente, ao considerar a tradição musical desta população Yuruk, deve-se ter em conta a influência e o contacto direto com culturas de outras nações, de que o rico passado histórico desta região é prova.

Capítulo 1. Localização e antecedentes históricos de Kodzadzik

A aldeia de Kodzadzik está situada no território ocidental da República da Macedónia, a sudeste de Debar, no município de Centar Zupa, a uma altitude de 1070 metros, na encosta da montanha Stogovo, conhecida como "as alturas de Kodzadzik".

Foto n.º 1: v. Kodzadzik

A localização geográfica específica, uma estrutura rochosa íngreme que proporciona uma posição defensiva natural da região, confere a Kodzadzik uma posição de importância estratégica, tornando-a palco de muitos acontecimentos históricos turbulentos desde a antiguidade.

As testemunhas silenciosas deste facto são os edifícios e os sítios considerados como valores culturais, que conferem a esse ambiente uma identidade distinta que atrai sempre a atenção de muitos historiadores, arqueólogos e escritores de viagens estrangeiros.

No lado noroeste de Kodzadzik encontra-se uma fortaleza que representa a povoação helenística, romana e medieval, conhecida como Svetigradsko Kale (nos mapas Sfeli-City) ou Fortaleza Sagrada (Matkovski, 1992: 250, Stojanovski, 1989: 293). Este sítio arqueológico situa-se numa grande colina, sobre uma rocha calcária que tem uma posição dominante sobre o vasto território de toda a área, com a possibilidade de controlar as comunicações na mesma. No cume, que tem um planalto nivelado, existem restos de um povoado estabelecido da muralha de defesa do Kale (Tur. Kale, fortaleza) construído com grandes blocos de pedra de paredes não rebocadas (Koco, 1996).

Foto n.º 2: Restos de Kale (fortaleza) em Kodzadzik

Kodzadzik foi outrora um posto de comércio e uma encruzilhada para toda a região, principalmente devido ao Kale, mas também porque ligava as regiões montanhosas dos Balcãs e o Mar Adriático através da separação da estrada "Via Egnatia" ou de alguns dos seus braços que passavam por Debar e Zupa (Rusic, 1957: 8). O castelo era iluminado por tochas e visto de uma grande distância, o que atraía a atenção de muitos transeuntes e caravanas comerciais e era um local de descanso seguro e conveniente durante as longas viagens.

Outros sítios arqueológicos falam da sua rica história, incluindo Gjurumluk. Esta necrópole medieval situa-se a nordeste da aldeia, a uma distância de cerca de 1 km, com as placas de cobertura de um cemitério romano na orientação este-oeste (Rusic, 1957: 15).

Entre os edifícios mais importantes de Kodzadzik que permaneceram como testemunho do património cultural material otomano estão as mesquitas. Na aldeia foram construídas duas mesquitas, uma das quais num bairro de Blato, e a outra junto ao Kale. A primeira mesquita conhecida como a Mesquita com grande minarete ou Grande Mesquita é feita de pedra e com teto abobadado. Após a migração em massa nos anos 50 do século passado, o minarete da mesquita ficou em muito mau estado, pelo que foi renovado em 1994 (S. Sezair, interlocutor, maio de 2012).

Foto n.º 3: Mesquita antes da reconstrução

A segunda mesquita, situada no planalto junto à fortaleza, era, até 1448, uma igreja construída por George Kastrioti, conhecido como Skanderbeg. Após a conquista dos otomanos, a igreja foi convertida numa mesquita que foi mais tarde destruída devido à má construção durante um forte terramoto. Mas como foi neste mesmo local que se realizou a oração após a vitória dos otomanos, hoje as pessoas consideram-no um local sagrado e, por isso, e apesar da distância, os jovens fazem aqui as orações do Bayram. Por estas razões, o lugar é chamado Namazije (Tur. Namaziye, lugar de oração) (Kartal, 2002: 362).

É interessante mencionar que, de acordo com algumas fontes, devido à sua importante posição geoestratégica, Kodzadzik foi tratada como cidade até meados do século XVI (Rusic, 1957: 19; Radonic, 1957: 255-260), tendo-lhe sido posteriormente atribuído o estatuto de aldeia, tal como consta de alguns documentos do mosteiro de S. Jovan Bigorski (Miletic, 1918). A favor disto está o facto de, em Debar Sanjak, Kodzadzik ser uma unidade administrativa separada - nahije (Tur. nahiye, região) (Limanoski, 1981: 420).

Até à última grande migração do início do século passado, Kodzadzik era um município onde existiam lojas, alfaiates, barbeiros e talhantes. Havia um mercado que se realizava todas as quintas-feiras, visitado por comerciantes de outras regiões para oferecerem os seus produtos.

Capítulo 2. Instalação dos Yuruks em Kodzadzik

Uma das hipóteses mais correntes sobre a génese do topónimo Kodzadzik provém da expressão Kodzadzenk que, traduzida (Tur. Kocacenk), significa uma grande batalha travada para a conquista desta região entre os otomanos e os soldados de Skanderbeg. De acordo com outras fontes, o nome Kodzadzik provém da palavra kodza que, na língua turca, significa velho, grande, que, acrescentando dzik, forma um diminutivo que, na forma atual, significaria gaffer (Rusic, 1957: 10, 72).

A fortaleza de Kodzadzik situava-se na rota estratégica da estrada que ligava a Macedónia à Albânia e que era muito importante para os otomanos para chegarem à Albânia e ao mar. Mas a conquista da referida fortaleza, tal como se regista na história, não foi fácil devido ao forte posicionamento de Skanderbeg na região. A primeira tentativa de conquista destes territórios pelos otomanos (1444-1446) não foi bem sucedida e terminou em derrota e a favor de Skanderbeg. Em julho de 1448, na última marcha, o sultão Murad II (1421-1451) tomou a bem fortificada Svetigrad Kodzadzik (Stojanovski, 1989: 294; Hammer, 1979: 143). Esta grande batalha entre os rebeldes de Skanderbeg e o exército do Sultão teve lugar perto de Kale e, devido à enorme perda do exército otomano, a encosta é chamada e ainda é conhecida como um grande martírio, em língua turca Erenler ou Büyük Şehitlik (Rusic, 1957: 72; Kartal, 2002: 32).

Esta região é uma das regiões dos Balcãs que, no início do período otomano, foi colonizada pela população turca. Os habitantes mais antigos de Kodzhadzik contam que a antiga aldeia macedónia foi ocupada e colonizada por soldados turcos vindos do muharebe (Tur. muharebe, batalha) com Skanderbeg, que logo trouxeram as suas esposas de Konya, na Turquia. Durante os anos seguintes, juntaram-se-lhes muitos clãs de criadores de gado "Yuruks" que instalaram os seus rebanhos de ovelhas em Stogovo e nas montanhas vizinhas (Rusic, 1957: 17; Stojanovski, 1989: 287).

O nome está etimologicamente relacionado com a palavra turca yürümek que significa caminhar, o que corresponde ao seu estilo de vida nómada habitual (Truhelka, 1936: 333). Estes colonos são também conhecidos pelo nome de Konjari, devido à sua origem na região de Konya. Alguns deles estavam organizados em formações semi-militares e tinham uma função militar para proteger o Kale, enquanto outros se instalaram a pedido do Sultão Murad II, a fim de assegurar uma faixa de segurança fronteiriça para esta área (Ba§tav, 1999, Castellan, 1995).

Uma das razões para a fixação dos Yuruks nestes territórios foi a necessidade do novo reinado otomano de assegurar uma maior penetração em direção ao oeste e ao norte e de criar estradas e fortes estratégicos. A cintura em torno de Kodzadzik desempenhava um papel estratégico significativo, uma vez que aqui passavam várias rotas principais de importância internacional. O controlo efetivo de tal área poderia ser mais facilmente assegurado através da criação de uma zona de colonatos turcos, e ainda mais se os colonos estivessem envolvidos em organizações militares.

Além disso, um lugar prioritário no assentamento dos Yuruks teve motivos de natureza económica e social, o que dá a impressão de que esse processo foi muito espontâneo. De facto, em primeiro plano surge a necessidade de proporcionar condições básicas de existência, o que para os Yuruks nómadas significava sobretudo encontrar pastagens ricas e condições climáticas favoráveis para a criação de gado (Stojanovski, 1986: 3). Assim, os Yuruks de Debar kaza (Tur. kaza, distrito), e entre eles Kodzadzik, de acordo com a condicionalidade geográfica, ocupavam-se principalmente da criação de gado.

A presença dos Yuruks na Macedónia é comprovada por dados dos livros de recenseamento e de vários Kanunnames (Tur. Kanunname, resumo das leis que regulam um determinado assunto). Embora nos Kanunnames os Yuruks fossem mencionados como população nómada, criaram as suas próprias povoações e habitaram locais outrora habitados por muçulmanos e população mista, estando também presentes em algumas cidades. Os dados mais antigos sobre a presença dos Yuruks encontram-se nos livros de recenseamento da região de Prilep em 1440, da região de Bitola em 1468, etc. (Tomovski, 1986: 89). Desde o final do século XVII, vários documentos mostram que o número de Yuruks diminuiu em toda a Macedónia. As razões para abandonar as aldeias foram as guerras contínuas travadas pelos turcos, as doenças e os impostos elevados (Palikrusheva, 1986: 73).

De acordo com os dados de 1873, em Kodzadzik havia 500 agregados familiares com 218 habitantes macedónios e 865 habitantes turcos (MNI Sofia, 1995), e em 1900, de acordo com V. K'nchov, a aldeia tinha 1250 habitantes turcos (Kanchov, 1900). As maiores mudanças em termos de número e estrutura da população ocorreram nas primeiras décadas do século XX com as migrações da população macedónia para povoações maiores e para centros urbanos, e da população turca com a sua migração para a Turquia, especialmente por volta dos anos 50.

Capítulo 3. Origem da família de Ataturk

Kodzadzik é também importante porque é o local de nascimento da família do pai da Turquia moderna, o grande líder Mustafa Kemal Ataturk. Ao fazer uma retrospetiva das suas raízes familiares, Ataturk mencionou com orgulho e amor Kodzadzik como o berço da sua origem. Este amor é transmitido de geração em geração pela população turca da Macedónia e da Turquia, pelo que Kodzadzik tem um lugar de culto quando o nome de Ataturk é mencionado.

Os seus antepassados migraram para esta aldeia de Debar Sanjak (Tur. Sancak, uma região administrativa do Império Otomano) o Bitola Vilayet (Tur. vilayet, província) com outros Yuruks da região de Konya-Karaman no século XV (Güler, 2000; Hammer, 1997: 159). Esta população pertence à comunidade turcomena Kiziloguz, que significa Oguz Vermelho. Aqui nasceram o seu avô K'z'l Haf'z Ahmet Efendi, oriundo de uma família Iskodya e a sua avó Ajshe originária da família Gola (Gökbilgin, 1957).

Haf'z Ahmet, apelidado de K'z'l (Tur. kizil, vermelho), era professor na escola primária situada no bairro de Chinarli, na aldeia, e a sua casa situava-se no bairro de Tashli. Em 1830, K'z'l Haf'z Ahmed, juntamente com o seu irmão Mehmet, foram obrigados a ir trabalhar para ganhar dinheiro em Salónica, devido à situação económica desfavorável. Por isso, recebeu a alcunha de firari, que no idioma da região significa trabalhador imigrante (Tur. gurbetgi).

Quanto ao local de nascimento do pai de Ataturk, Ali Riza (1841-1889), há duas hipóteses, Kodzadzik e Salónica. Em algumas fontes está escrito que nasceu em Kodzadzik (Cunbur, 2004), e em Salónica trabalhou como funcionário da alfândega e mais tarde dedicou-se ao comércio de madeira. Ali Riza casou com Zubeyde Hanum (1857-1923), que, de acordo com as afirmações de Hasan Tahsin San (1865-1951), amigo pessoal da família de Ataturk, também provém dos turcomanos da região de Konya-Karaman que se estabeleceram na região de Salónica (Zenginoğlu, 1999). Nasceu perto de Salónica como filha de Fethullah Sofuzade, e a sua beleza, pele branca, olhos brilhantes, que Ataturk herdou, são outra prova da sua origem dos turcomanos da montanha de Toros. Ali Riza e Zubeyde Hanum tiveram seis filhos, dos quais sobreviveram apenas Mustafa Kemal (1881-1938) e a sua irmã mais velha Makbule (1887-1956).

Mustafa Kemal, nascido em Salónica, frequentou nos primeiros anos de vida uma escola religiosa, a pedido da mãe, que durou pouco tempo, inscrevendo-se mais tarde numa escola laica privada fundada por Shemsi Effendi, a conselho do pai. Os pais queriam que Ataturk estudasse numa escola comercial, mas ele, sem os consultar, matriculou-se na escola militar em 1893. Em 1896, continuou a sua educação em Idadie, um liceu militar em Bitola. O clima sócio-político, cultural e educativo de Bitola desempenha um papel especial na educação de Mustafa Kemal. Na escola, presta especial atenção à história, à literatura e à ciência política, com uma influência particular do famoso professor de história Tevfik-Bay. A partir dos conhecimentos que adquire na escola e com as suas análises, molda gradualmente as orientações para a sua futura atividade revolucionária e reformista (Tokarev e Atanasov, 2002: 23).

Depois de concluir o Colégio Militar em Istambul em 1902, Kemal Ataturk licenciou-se na Academia Militar em 1905. Ataturk tornou-se um oficial militar bem conhecido durante a Primeira Guerra Mundial e, após a derrota do Império Otomano, liderou o movimento nacional turco pela independência. Com a sua liderança bem sucedida do exército, reformas conduzidas e diplomacia prudente, ele é o fundador da moderna República democrática e secular da Turquia.

Ataturk apreciava imenso o trabalho da música folclórica e gostava especialmente das canções rumelianas que ele próprio cantava frequentemente. No seu tempo, foram criadas na Turquia instituições estatais para recolher os valores tradicionais da Anatólia, e também foram formadas numerosas casas de folclore (Tur. halki), para fomentar e estudar o folclore. Por sua própria iniciativa, começou a estudar música tradicional no Conservatório Estatal de Ancara, fundado em 1936. No período de 1935-1936, foram organizados em Istambul festivais dos Balcãs e, numa ocasião, Ataturk actuou pessoalmente em palco juntamente com grupos de dança (Tan, 2011).

Foto n.º 4: Casa renovada da família de Ataturk

Criado no espírito dos valores patriarcais da família, Ataturk tinha um grande respeito pelo local de origem da sua família, com um sentimento primordial de ligação e de pertença aos antepassados. Entre outras coisas, isto é confirmado pelo facto de ele falar frequentemente no dialeto rumeliano. De acordo com as declarações do proeminente poeta turco Attila Ilhan, nas suas conversas informais, Ataturk utilizava as palavras da língua da sua infância, como, por exemplo, chudzhuk, bre, etc. (Egilmez, 2006). Além disso, as suas canções favoritas eram as que provinham destas paragens, tais como *No meio de Bitola, Vale de Vardar, O nome da rosa vermelha, Montanhas, montanhas, Sobrancelhas negras do meu Alish, Rouxinol numa gaiola dourada, Sem nuvens no céu, Janela aberta, Olhos bonitos, Cidadela de Estergon,* etc.

Capítulo 4. Kodzadzik atualmente

Perto de Kodzadzik existem várias aldeias: Novak, Elesa, Breshtani, Dolgash, Pralenik, Papradnik, etc.

Nas últimas décadas do século passado, a aldeia muda de tamanho, com a fixação de habitantes das aldeias vizinhas. Assim, de 14 agregados familiares em 1978, em 2000 o número aumentou para 35. Atualmente, em Kodzadzik vive apenas a população turca, que, de acordo com o recenseamento de 2002, conta com 275 residentes, turcos, e funciona de forma integrada com as aldeias vizinhas de Novak, Elesa e as outras aldeias do Centar de Zupa.

Uma estrada de asfalto conduz à aldeia, através da qual se revelam várias casas impressionantes pela sua dimensão e arquitetura moderna, com design e função contemporâneos, e construídas principalmente pela população que trabalha no estrangeiro. Nomeadamente, nesta área há muito tempo que começou o trabalho migrante (Tur. gurbet) que se intensificou particularmente a partir de meados do século passado, com o desaparecimento da criação de gado que anteriormente era a principal atividade económica. Hoje em dia, os habitantes da aldeia asseguram a sua existência principalmente através do trabalho migrante em Itália - em Veneza e nas cidades vizinhas, onde se dedicam sobretudo a trabalhos de construção.

Foto n.º 5: Bebedouro em Dolno Maalo (bairro inferior)

Em Kodzadzik, existem sete bairros: Bairro Superior (Tur. Yukari Mahalle), Bairro Inferior (Tur. Aşaği Mahalle), Bairro da Pedra (Tur. Taşli Mahalle), Bairro Hamzaoglu (Tur. Hamzaoğlu Mahalle), Bairro da Lama (Tur. Bilato Mahallesi), Bairro Jaturez (Tur. Yatürez Mahallesi) e Bairro Kirasta (Tur. Kirasta Mahallesi).

A primeira escola primária de Kodzadzik começou a funcionar em 1944 com o nome de Akif Noureddine. O ensino, que era ministrado numa turma de quarenta alunos com diferentes estruturas etárias, era leccionado por Rakip Efendi, que exercia simultaneamente as funções de imã na aldeia (interlocutor S. Sezair, maio de 2013). A partir de 1966, começou gradualmente a introdução do ensino por disciplinas, que era ministrado por um professor responsável por cada ano, do quinto ao oitavo ano. O primeiro professor que organizou este ensino foi o professor Sezair Sabahettin, que ainda hoje recorda esses dias e acontecimentos com profunda emoção. Desde 1994, a escola foi rebaptizada em honra do famoso poeta turco da Macedónia, membro da Associação de Escritores da Macedónia, Nedzati Zekeija (1928-1988).

A contribuição da escola para a educação deste meio é enorme e reflecte-se em vários domínios, nomeadamente no desenvolvimento da educação musical e no enriquecimento da vida musical através das actividades do coro da escola. O coro foi formado em 1971, novamente por iniciativa do professor Sezair Sabahettin, e inicialmente tinha 12 membros. Ao longo dos anos, o interesse e o número de membros aumentaram, resultando num maior envolvimento e presença no público, especialmente por ocasião de feriados nacionais e religiosos. O programa musical do coro consistia em adaptar os textos de poetas conhecidos a exemplos melódicos num coro de sílabas simples, bem como as canções do repertório tradicional e espiritual.

O isolamento das aldeias contribuiu para o seu desenvolvimento sem grande influência das zonas urbanas. Conservaram a língua turca, que é muito próxima da língua dos outros grupos yuruk da Anatólia e que ainda é vital no discurso quotidiano. Também se conservam numerosos elementos herdados da tradição, incluindo a prosa e a poesia orais, os trajes, os costumes, os ritos, a música tradicional, as crenças, etc., como guardiães e conservadores do passado.

Atualmente, a população Kodzadzik ainda conserva numerosas caraterísticas étnicas verbais e não verbais resultantes de um sentimento de continuidade, destino comum, memórias, marcos culturais, etc. Como parte estrutural da identidade, de uma geração para outra, cresceram certos símbolos através dos quais a população transmite os padrões de comportamento herdados. Neste sentido, destaca-se a linguagem franca que ainda preserva o dialeto turco arcaico da Anatólia, as lendas sobre a sua origem, especialmente a relação com Atatürk e o etnónimo Kodzadzik.

A religião e as práticas rituais, especialmente as de transição, são a base através da qual se manifestam atualmente os símbolos não-verbais, como, por exemplo, as festividades (religiosas e seculares), as celebrações, os trajes populares, os instrumentos musicais, etc.

Como parte da cultura material, os trajes folclóricos de Kodzadzik têm caraterísticas e normas estéticas tradicionais do ambiente local que se mantêm até hoje e cuja aparência varia consoante o estatuto social (estado civil) e a ocasião (quotidiana, cerimonial e ritual). Geralmente, estas diferenças verificam-se ao nível da cor, dominada por tons intensos de rosa, verde, amarelo, azul, depois na alfaiataria, nos materiais de que são feitos, nos ornamentos, etc. Com base em modelos antigos e através do processo de criação e recriação artística, esta decoração de bordados é enriquecida com numerosas e diferentes formas e variações com cores vivas caraterísticas e gradações coloridas. As mais comuns são as estilizações florais como elemento do bordado ou ornamento principal. Os ornamentos nas partes tecidas do traje, especialmente o avental, são também representados por impressionantes formas florais. Tudo isto evidencia uma ornamentação desenvolvida e rica, que, nalguns elementos, tem mesmo precedência sobre este tipo de artesanato nalgumas regiões da Anatólia (Krsteva, 2009: 161).

Foto n.º 6: Trajes femininos

Neste contexto, destacam-se os vestidos de noiva, ou seja, os vestidos de noiva que apresentam sempre os bordados mais difundidos e a estrutura mais colorida, o que confirma que a maior atenção continua a ser dada à decoração da noiva. Este mesmo ato, que tem as suas raízes mesmo em civilizações antigas, em âmbitos territoriais e temporais mais amplos, evidencia a universalidade deste costume que, segundo a opinião dos etnólogos, tem carácter mitológico, religioso, mágico e enigmático (Vakarelski, 1935: 102).

Foto n.º 7: Vestidos de noiva

Encontramos indícios da origem étnica deste grupo social nos trajes femininos que, em alguns pormenores, fazem lembrar os trajes de algumas regiões da República da Turquia (Kastamonu, Konya, etc.).

Foto n.º 8: Trajes tradicionais

Os trajes tradicionais masculinos, especialmente as calças (Tur. çakşir) decoradas com tranças, desapareceram completamente nas últimas décadas, perdendo assim o seu significado simbólico. Este facto deve-se a uma maior comunicação e adaptação dos homens às condições do ambiente urbano (educação, compromissos laborais, etc.).

Foto n.º 9: Trajes masculinos

O artesanato e a tecelagem das mulheres de Yuruks, que sempre foram uma expressão da identidade cultural, são hoje fomentados quase com a mesma intensidade. Como produtos de gosto refinado, criatividade, talento artístico e habilidade manual, o artesanato é feito para diferentes ocasiões e diferentes usos, como dote, roupas e decorações, tapetes (de noiva, com franjas, com peças, etc.), guardanapos, etc.

Foto n.º 10: Artesanato e tecelagem

Destacam-se especialmente as decorações bordadas na ornamentação dos vestidos de noiva femininos, porque lhes conferem caraterísticas e particularidades especiais, dando assim continuidade a este segmento do património material. Estas técnicas (Tur. marifet) são mais proeminentes na preparação dos dotes (Tur. çeyiz) da população feminina, que é feita num longo período de tempo e os motiva a uma maior criatividade e singularidade no artesanato.

Foto n.º 11: Dote

A mudança mais drástica no aspeto atual de Kodzadzik é evidente na conceção arquitetónica das casas, em especial as dos trabalhadores migrantes, que têm os atributos de um tipo de habitat europeu moderno. No passado, as casas de Kodzadzik eram construídas em função das condições de vida dos habitantes locais, como, por exemplo, o estatuto de propriedade, a estrutura familiar e as condições climatéricas. Os materiais eram geralmente de pedra e madeira, e a casa consistia numa habitação, despensa (Tur. kiler), curral (Tur. ağil) e horta (Tur. bostanlik) como um todo nos grandes pátios. As casas eram maioritariamente de um só piso e tinham a estrutura do telhado de telhas. Atualmente, estão sobredimensionadas em relação às necessidades reais da vida das famílias e destacam-se do ambiente rural e da paisagem de todo o ambiente montanhoso.

Foto n.º 12: Kodzadzik hoje

A principal caraterística da vida social da população desta região é o forte patriarcado presente em todas as esferas da vida, especialmente nas relações familiares que têm um significado sagrado e uma hierarquia rigorosa no respeito mútuo. Neste leque de relações mútuas, a mulher goza de grande respeito por parte do chefe de família. O homem carrega o fardo da existência, e a mulher é responsável pelas tarefas domésticas e pela educação dos filhos. Devido a este tipo de comunicação fechada, um pequeno número de mulheres continua a estudar e a maior parte delas fala apenas turco (interlocutor Sh. Kaplan, abril de 2012).

As famílias de Kodzadzik atribuem grande importância aos valores morais e às virtudes, e em primeiro lugar está a nobreza que, segundo as suas crenças, é o resultado da retidão e da riqueza espiritual. O lema principal da população consiste na crença de que a palavra bonita, a caridade e as relações sociais mútuas são a necessidade da humanidade (interlocutor S. Sezair, maio de 2012).

A população é caracterizada pela modéstia, gentileza, hospitalidade e prestabilidade e mantém orgulhosamente os seus antigos costumes. Os Kodzadzik são famosos pela sua diligência e tentam transmitir este atributo aos seus herdeiros desde tenra idade. O seu comportamento é sobretudo reservado em relação aos outros habitantes da região, mostrando intimidade e abertura para com os seus companheiros de aldeia. Ao contrair matrimónio, os habitantes escolhiam e ainda escolhem parceiros da população turca, principalmente da sua própria aldeia ou das aldeias vizinhas.

Capítulo 5. A sociedade artístico-cultural e as suas actividades

A sociedade artístico-cultural desempenhou sempre um papel importante na manutenção da tradição musical em Kodzadzik, sendo o principal núcleo de preservação e transmissão do património musical tradicional.

A sociedade Kodzadzenk foi criada em 1975 por iniciativa do professor da altura, S. Sezair. Além disso, foi ele que trouxe pela primeira vez para a aldeia o instrumento de cordas tradicional turco, o saz, em 1974. Os contactos que tinha como professor, bem como a sua afinidade com a música, contribuíram para manter a tradição, apresentando os valores culturais herdados. O significado da atividade desta sociedade é ainda maior se considerarmos o facto de ter ocorrido nos anos após as grandes migrações dos anos 50 do século passado, quando o potencial musical da população turca diminuiu drasticamente.

Foto n.º 13: No espetáculo em Debar (1975)

Inicialmente, a Kodzadzenk tinha vinte a vinte e cinco membros da escola primária, alunos e professores que participavam em três secções - dança, instrumental e vocal. A atuação conjunta da sociedade dependia das necessidades e da ocasião das aparições públicas, embora o grupo de dança masculino e feminino trabalhasse e actuasse separadamente (interlocutor S. Sezair, maio de 2012).

Foto n.º 14: Espetáculo em Zupa

Os grupos de dança ensaiavam acompanhados por conjuntos musicais com instrumentos tradicionais: sazes, tambores cilíndricos, colheres, pandeiretas (Tur. daire) e címbalos de dedo (Tur. çampara). O repertório da sociedade consistia principalmente em canções tradicionais locais e canções da região mais vasta de Rumelian, como *Silk scarf, My Selime, Hassan from Debar, My Ramize,* que acentuavam a apresentação dos rituais e ritos próprios da aldeia (rapar o noivo, jogo de sabres, noite de K'na, etc.). Os dançarinos folclóricos de Kodzadzenk, com as suas actuações em palco, representavam frequentemente danças autênticas com coerência em relação aos passos e às figuras de dança típicas da região, com arranjos em palco de certas formas de dança estilizadas.

Foto N.º 15: "Fazendo a barba do noivo" (1977)

Após os anos oitenta do século passado, a atividade da sociedade desvaneceu-se, tendo sido uma grande promotora da cultura musical da população através de inúmeras actuações em festivais e eventos no país, tais como Calikli, Dolneni, Ilinden Days - Bitola, Encontros de Bigor em muitas cidades, etc.

Em 2003, após duas décadas de pausa, em Kodzadzik começa a atuar a Associação para a Educação e Cultura Kodzaturk. Uma das ideias da Associação é a afirmação da identidade cultural num leque mais vasto de actividades e o incentivo à criatividade dos jovens. Para o efeito, a Kodzhaturk coopera com outras organizações da sociedade civil e participa em várias actividades organizadas pelo município e pelo Estado, bem como na apresentação dos valores culturais locais no estrangeiro.

Foto n.º 17: Grupo de dança "Kodzaturk"

A atividade musical, uma das principais actividades da associação Kodzaturk nos primeiros anos, é realizada através de uma secção de dança com um grupo vocal e instrumental (quatro sazes, darbuka, tambor, pandeireta, champara e colheres).

Desde 2007, Kodzaturk participa principalmente em eventos organizados pela recém-formada Sociedade Artística Cultural dos Turcos de Zupa e em muitos feriados seculares e religiosos (H'derlez, Bayram, etc.).

Foto n.º 18: Membros do "Kodzaturk

Os espectáculos de Kodzaturk atraíram uma atenção especial na República da Turquia, devido à coreografia das danças folclóricas e à melodia da música tradicional, mas também devido ao grande interesse do público em assistir de perto a espectáculos provenientes do berço da família de Ataturk. Este facto é também confirmado pelas muitas reportagens feitas para a aldeia e para a associação Kodzaturk por mais emissoras da República da Turquia, como TRT, Show TV, Avrupa 7, etc.

Foto n.º 19: Espetáculo folclórico em Zupa (2012)

Capítulo 6. Tradição musical da população de Kodzadzik

O património musical de Kodzadzik, que foi trazido pela colonização da população turca da Anatólia e criado durante séculos em contacto com as tradições culturais aí existentes e com o constante potencial criativo, ainda mantém em muitos segmentos o seu carácter autêntico. A música tradicional de Kodzadzik representa uma tradição fechada, forte e estável, que sucumbiu às mudanças espontâneas que ocorreram lentamente ao longo dos séculos. Por isso, esta música continua a ser um excelente indicador do nível de desenvolvimento cultural daquele meio e um espelho de certos segmentos da vida sociocultural.

Os cânticos e as execuções instrumentais em formas métricas e rítmicas típicas desta população, moldam de forma impressionante a vida interior global ao longo dos séculos da sua existência histórica. A maior parte do repertório musical ainda hoje é praticado nas cerimónias que ocupam um lugar central na esfera espiritual e temporal da vida quotidiana. A música é uma tradição viva que guarda numerosas e variadas evidências das relações sociais da comunidade tradicional, bem como das mudanças nos complexos ciclos familiares-costumeiros e rituais.

Foto n.º 20: Na dança do anel

Capítulo 7. Tradição musical espiritual

Os rituais religiosos em Kodzadzik são praticados na mesquita grande da aldeia (Tur. Büyük Cami) e nas casas dos residentes. Através deles, a população exprime a relação que existe entre a experiência física, as normas sociais e os sistemas de valores, por um lado, e o mundo do irracional, por outro. Como elemento integrante, a música está representada nos ritos regulares das mesquitas e nos ritos que se realizam numa ocasião familiar.

As formas musicais predominantes na vida espiritual dos habitantes de Kodzadzik são: ezan, sala, tekbir, ilahi e mevlid (interlocutor K. Arif, abril de 2012). Estas formas, em que o conteúdo da letra é dominante, são executadas em árabe e turco.

O Ezan (chamada ao culto), em que o segmento mais importante é a bela voz do muezim, é executado em Kodzadzik em ritmo livre, com improvisação e ornamentação da linha melódica.

Dos muitos tipos de sala, nesta zona apenas se conservam a Salat-i ummiye, a sala fúnebre e a sala de sexta-feira. A Salat-i ummiye, que é considerada o tipo mais popular desta forma, é atualmente cantada nesta região como parte da forma mevlid, que é normalmente executada nas casas dos crentes.

O Tekbir é praticado em Kodzadzik durante os feriados espirituais Bayram, Mevlid kandili, as orações do Taraweeh no Ramadão e nos espectáculos de Mevlid. Esta forma, que é uma criação de Mustafa Itri do século XVII, é cantada em ritmo livre e frequentemente de forma colectiva, com a participação de todos os presentes.

O Mevlid continua a representar uma forma de música espiritual importante, que em Kodzadzik está presente nas cerimónias espirituais nas mesquitas e nos lares. As causas mais comuns para a execução do Mevlid em Kodzadzik são o repouso dos membros da família, as circuncisões (Tur. sunnet), os casamentos, o nascimento de um bebé, a mudança para uma nova casa, etc.

O Ilahi em Kodzaidzik é amplamente utilizado em todos os serviços religiosos, ritos e festividades. Os Ilahis são frequentemente executados durante os feriados espirituais do Ramadão e do Bayram, em apresentações públicas organizadas em mesquitas, com o coro da escola e a associação Kodzaturk. Os Ilahis que prevalecem são: Minha alma, uma vítima no teu caminho, vícios do Paraíso, Deus é minha testemunha (que) tu me pertences, Tu Muhammad.

Os feriados espirituais que contêm estas formas musicais e que têm um significado sagrado na vida social dos residentes são o Ramadão e o Bayram de Kurban. Para eles, a celebração de cada Bayram significa o renascimento e o olhar para o futuro, o desaparecimento das preocupações, o perdão dos erros, o incentivo ao amor, à esperança e à vivacidade dos seres humanos. Antes e na véspera destas festas, são praticados costumes tradicionais, como, por exemplo, vestir roupas novas e limpas, preparar refeições tradicionais, visitar a família, felicitar e beijar a mão dos idosos, rezar o Bairam comum nos edifícios religiosos, sacrificar o kurban (para o Bayram de Kurban) e outros. Durante a cerimónia conjunta do Bayram, depois de terminada a oração, são realizados muitos ilahis (interlocutor K. Arif, abril de 2012).

Algumas destas formas musicais espirituais, como o Mevlid e o ilahi, podem ser executadas durante a circuncisão. Dado que este ritual é um ato espiritual e também secular, na cerimónia, dependendo do desejo e do empenho espiritual dos anfitriões, realiza-se frequentemente o Mevlid, que inclui a execução do ilahi e do Salavat.

A circuncisão é praticada habitualmente nos meses de verão, quando todos os habitantes de Kodzadzik e os convidados das aldeias vizinhas são convidados. Uma parte do ritual é executada apenas por homens que percorrem a aldeia com o rapaz da circuncisão (Tur. sünnetli) vestido com trajes cerimoniais. Esta volta é seguida de uma música instrumental tradicional executada por uma composição musical completa - duas zurnas (Tur. zurna, instrumento de sopro de palheta dupla) e dois davuls (Tur. davul, tambores baixos). Na casa dos anfitriões, antes da realização da cerimónia principal, é colocada k'na (hena) nas mãos dos sünnetli, enquanto são executadas canções e danças, na sua maioria do repertório que é apresentado nos casamentos. Uma das canções que são tradicionalmente cantadas nesta ocasião é *I'm going to ride you with a car.*

Capítulo 8. Tradição musical secular

A tradição musical secular em Kodzadzik reflecte a ligação entre a vida real e a sociedade e está intimamente relacionada com o tempo e o local de execução. Nesse sentido, tem as suas referências de atributos que determinam as ocasiões em que é executada, criando assim um ciclo sistémico que pode ser visto através de rituais e costumes que têm grande importância para toda a comunidade rural. Assim, o repertório musical é constituído por canções relacionadas com os rituais anuais - H'derlez e Nevruz - e transitórios do ciclo de vida, como os casamentos e as circuncisões.

Em Kodzadzik estão marcados os rituais H'derlez e Nevruz que, apesar do contributo que tiveram na vida social da população nas últimas décadas, lentamente se desvanecem na prática, o que se reflecte particularmente no estreitamento e desaparecimento destas obras musicais.

Nevruz é um feriado que, por um lado, tem uma identidade espiritual e, por outro, é aceite como um ritual global originário da Pérsia, desde o período anterior à aceitação do Islão. Em Kodzadzik, o Nevruz é celebrado a 21 de março como símbolo da chegada da primavera. Durante o feriado ainda estão presentes alguns rituais autênticos, como a preparação de pratos tradicionais (milho em cinzas, abóbora cozida e doces), a partilha de moedas chamadas mijnak, as visitas, etc. Nas reuniões de grupo da população feminina antigamente recitavam-se e cantavam-se muitas canções de cariz pastoril destinadas à festa do feriado, sendo que na última década, este repertório deixou de ser praticado na marcação do dia.

Embora as raízes do feriado H'derlez se situem na Ásia Central, este feriado em Kodzadzik tem um carácter sintético no qual se entrelaçam influências das culturas da Ásia distante, da Anatólia e dos países dos Balcãs, com um toque da religião islâmica. H'derlez, conhecida como a tradição da primavera, segundo as crenças populares, tem origem nas lendas dos profetas H'z'r e Ilyas, que eram irmãos, de facto, a própria palavra H'derlez é uma combinação dos seus nomes. De acordo com a lenda, que ainda hoje vive nesta região, após muitos anos de separação, os dois reencontraram-se no sexto dia de maio, pelo que neste dia se assinala o despertar da natureza e o início da primavera. Os cânticos eram sobretudo executados no rito coletivo do Martufal. Estas canções, conhecidas pelo termo mani, são consideradas como o tipo mais antigo e a forma poética turca mais curta (Pilichkova, 2012: 76). Hoje em dia, a celebração de H'derlez não contém todos os traços tradicionais, no entanto, alguns dos mani ainda se mantêm (Bati com uma mão na parede, Um número de chaleiras, Quero plantar uma rosa na vinha, Caçarolas com doces).

Dez dias após o feriado, celebra-se em Kodzadzik o Elemje, que nos rituais tem elementos semelhantes aos do H'derlez. Neste rito participam, para além das mulheres, a população masculina, o que constitui mais uma oportunidade de comunicação direta e de simpatia entre os jovens. Ainda se pratica o traje tradicional, a colheita de ervas, e a celebração colectiva é frequentemente acompanhada pelo som de tambores e zurnas.

Capítulo 9. Tradição musical dos costumes do casamento

Os costumes antigos da população de Kodzadzik são preservados sobretudo nos casamentos, que representam o ato secular mais importante da vida. A cerimónia de casamento, enquanto fenómeno social, mitológico-religioso e cultural, engloba muitos rituais e actividades rituais com um conteúdo profundo e uma forma rica em expressões. Os conhecedores desta questão afirmam que o casamento tradicional popular contém as actividades mais complexas que ocorrem como um conjunto de elementos mágicos, práticos, comerciais e económicos, entre outros, e, em muitos casos específicos, como uma espécie de ato estético (Gjorgiev 2009: 138).

Foto n.º 21: Primeiro dia do casamento

O casamento em Kodzadzik é um espelho da vida em sociedade e da comunicação, com caraterísticas sublimadas da longa tradição herdada, na qual estão continuamente a permear novos elementos e formas. É acompanhado por muitos ritos e rituais costumeiros, em cuja base está o carácter apotropaico. No meio de toda esta complexidade, a música tradicional ainda preservou, formal e funcionalmente, o papel vital com o tempo preciso de execução e é um fator importante na continuidade da cultura musical popular. Com a aceitação das condições da vida moderna nos últimos anos, a duração do próprio casamento foi reduzida, o que resultou num estreitamento do repertório musical.

Foto n.º 22: Cortejo nupcial

Os casamentos realizam-se durante os meses de verão e todos os habitantes e convidados das aldeias vizinhas são convidados. Este rito de transição dura dois ou três dias e continua a ser realizado de acordo com as ordens tradicionais, consistindo em vários rituais de pré-casamento (pedir a rapariga à sua família e noivado), e os costumes do casamento (levar e arranjar o enxoval de noiva, noite de Henna, levar a noiva, fazer a barba ao noivo, casamento religioso, fechar num quarto, roupas cerimoniais, refeições cerimoniais, dar presentes).

Foto n.º 23: Cantar o ritual pré-casamento - levar as prendas à noiva

Embora nos últimos anos os jovens escolham, na maioria dos casos, os seus parceiros, o primeiro ritual da cerimónia de casamento começa com o pedido de casamento da rapariga aos seus pais. Este pedido é feito pelos membros da família do noivo. A promessa e o noivado são organizados na casa da rapariga, onde se reúnem representantes e convidados de ambas as partes. A adesão à tradição e às práticas rituais é confirmada pelo ato de oferecer presentes, que é aceite como obrigatório. Assim, independentemente da riqueza do noivo, a futura noiva recebe uma lira de ouro, um lenço de seda e um anel de prata. Nos últimos anos, de acordo com o desejo dos anfitriões, nos compromissos do casamento são contratados conjuntos musicais que executam o repertório tradicional do casamento.

Foto n.º 24: No noivado

A celebração do casamento começa de manhã com a chegada dos tambores de Debar à entrada de Kodzadzik e, ao som das zurnas e dos tambores, as pessoas dançam no meio da aldeia até chegarem à casa do noivo. Os músicos são membros das famílias Majovci e Memedovci de Debar e, desde os tempos antigos, os casamentos nesta região não podiam ser imaginados sem a sua atuação. De origem cigana e muçulmana macedónia, os bateristas de Debar são sinónimo de desempenho instrumental nesta região e não só. De facto, os ciganos, durante séculos, foram mencionados como portadores desta ocupação em várias áreas geográficas em que a cultura otomana estava presente (Bartok 1991: 225).

Dependendo da etnia das aldeias, os Majovci praticam um repertório folclórico especial, que estes músicos autodidactas e fabricantes de instrumentos transmitem oralmente (interlocutor A. Majo, março de 2013). Para a população turca, o repertório consiste em actuações instrumentais - havas (Tur. oyun havasi) e danças circulares (Tur. horo), que variam de acordo com a função que têm nos rituais, ou seja, quando se tocam havas, a prioridade é dada aos elementos rituais, e com as danças circulares a prioridade está na dança.

A atmosfera alegre continua na casa do noivo com sons altos de tambores e zurnas que tradicionalmente tocam Celebration hava (Tur. Şenlik havasi). Quando as rajadas de vento se reúnem, as danças do anel são executadas por toda a aldeia até à casa da noiva. A celebração continua na casa da noiva com a hava nupcial (Tur. Gelin havasi) entrelaçada com várias danças folclóricas: Dança das flores, Yeni Yol, Pajdusko, etc. Além disso, são executadas danças circulares nas versões instrumentais de algumas canções rumelianas - turku (Tur. türkü) da região mais alargada, tais como Hasan from Debar, My Ramize, Stand up bride, Blossomed quince, etc.

Ex. 1: A floração do marmelo (Ayva çiçek açmiş)

Intérprete: Majovci Group *Recolhido por:* Yusuf Ilyas *Registado por:* Aida Islam

É caraterístico que as danças anelares masculinas tenham um ritmo mais lento e sejam tocadas com a cabeça para cima, enfatizando a importância da postura corporal. Em muitos aspectos, assemelham-se à dança chamada Zeybek, caraterística da região do Egeu, na Turquia, enquanto as danças anelares femininas são semelhantes à chamada Mevlana, comum na região de Konya (Kartal, 2002: 295). Para os que assistem ao casamento, um bom chefe de dança das alianças continua a ser uma autoridade, é-lhe feita uma passagem e é-lhe permitido fazer o que quiser, e os tocadores de zurna e de tambor prestam-lhe uma homenagem especial.

Na mesma noite, na casa da noiva, realiza-se o ritual mais importante, conhecido como a noite da hena (Tur. Kina gecesi), quando a hena é colocada nos dedos da noiva. Este ritual é muito importante, uma vez que tem as suas próprias caraterísticas distintivas e pode ser praticado como um ritual tradicional separado que simboliza a proteção contra o mau olhado. A posição dominante da cor vermelha da hena, bem como do véu da noiva e dos materiais que são enrolados à volta das suas mãos, pode ser explicada por um significado apotropaico e visual - quente, brilhante e cheio de vida, cor da força e da energia vital (Vakarelski, 1935: 107).

Na noite da hena, só participam as mulheres, que, no ato de colocar a hena nas mãos e nos pés, cantam melodias de conteúdo triste, como símbolo da tristeza da rapariga por deixar a casa dos pais. O repertório, geralmente cantado com o acompanhamento rítmico de uma ou mais pandeiretas, é constituído pelas seguintes canções: Canção para a hena, Pergunta à tua mãe se devemos pôr hena, Canção para a hena, Anda noiva, anda filha, Bela noiva, Meu Selime, Mãe, levaram-me, Vou ter contigo, bela noiva, Esvaziei os colares, Estás a olhar da janela, e Canção de noiva. Típico deste repertório é o facto de a melodia dominar o texto, a pronúncia das vozes torna-se ininteligível, o que representa uma caraterística estilística do canto em grupo e uma componente de um momento performativo do qual os cantores não estão muito conscientes.

Ex. 2: Venha a noiva, venha a filha (Ayde gelinim ayde be kizim)

Intérprete: Sibe Durmis *Recolhido por:* A. Islam, S.L. Zelenkovska *Registado por:* Aida Islam

A noite de hena é um ritual importante devido à sua contribuição para a continuidade da tradição musical vocal feminina de Kodzadzik, sendo uma das poucas ocasiões para a execução e transmissão destas canções às gerações futuras. Além disso, este repertório é cantado em alguns dos rituais de preparação para o casamento, como a tradicional amassadura do pão, a pintura do cabelo da noiva e a entrega de presentes (interlocutor S. Gotak, abril de 2012).

Foto n.º 25 - 26: Noite de hena

O último dia do casamento caracteriza-se por levar a noiva no cavalo ornamentado, acompanhada por tambores e zurnas. Para além das danças que estão intimamente relacionadas com o ritual, com especial semântica sonora e beleza melódica, nesta ocasião destacam-se as obras de música instrumental-hava.

No ato de separação de casa, quando a noiva monta a cavalo, é tocada uma hava nupcial, na qual a música tem um papel dramático muito importante. Este é conseguido através da tensão rítmica expressa pela batida rápida do martelo e das baquetas nos tambores (accelerando). Este furiouso extático, associado ao ranger das zurnas em compasso livre, simboliza o início de uma nova fase na vida da noiva.

Foto n.º 27: A noiva

Cobrir o rosto da noiva com um véu de noiva (Tur. duvak) está relacionado com a antiga crença popular de que a noiva não deve ver o caminho que percorre para não poder voltar atrás. Através do véu de linho grosso, tecido e decorado, quase não se vê nada e, por isso, a noiva é acompanhada e guiada pelo irmão ou outro familiar próximo. A noiva deve usar esta capa desde o momento em que deixa a casa dos pais até ao momento em que entra no novo local de habitação.

Ao chegar à casa do noivo, a noiva desce do cavalo e, com rituais tradicionais simbólicos, como virar um jarro de água, segurar pão e uma vassoura debaixo dos braços, é levada para a sua futura casa. A partir daí, são executadas as danças circulares Karshi oro, Chamche, Avó, Dança das flores, etc.

Foto n.º 28: Chegada a casa do noivo

Depois de levar a noiva para o seu quarto, começa a cerimónia de levantar o véu e descobrir o rosto pintado. Em Kodzadzik, esta cerimónia é realizada cobrindo todo o rosto e o pescoço com lixívia com prata viva, muitas vezes ao ponto de não se reconhecer a noiva (Tur. gelin). Acredita-se que este disfarce da noiva com as cores fortes da maquilhagem e a forma tradicional de se adornar a protege do mau-olhado e das maldições.

Foto n.º 29: A noiva

Este ritual pode também ser tratado como um resquício de crenças anteriores, como uma continuidade da vida da mitologia representada nas cerimónias de casamento. A máscara, ou esconder o rosto da noiva como mímica mascarada, tem um significado apotropaico e é feita por mulheres treinadas (Limanoski, 1998: 111).

O ato de revelar a cara pelo cunhado é seguido da canção Eu dei mil, bem como de Hennazied hand cantada pela sogra e por todas as mulheres presentes. Segue-se o ritual de untar os lábios com rebuçados, como símbolo de glibosidade.

Foto n.º 30: A revelação do rosto

Foto n.º 31: O ritual da glibosidade

Depois de escoltar os familiares que acompanham a noiva até à casa do noivo, à tarde tem lugar um dos rituais mais importantes para o noivo - fazer a barba, como símbolo da mudança do seu estatuto social. Este ritual realiza-se no pátio da casa, onde o noivo corta o cabelo, faz a barba e veste a roupa de cerimónia, acompanhado pelo toque da havasi nupcial. Durante esta cerimónia, os assistentes dançam em círculos à volta do noivo e cantam canções, entre as quais a do dinheiro de arremesso. É interessante notar que, durante o canto desta canção tradicional, é recolhido dinheiro dos familiares mais próximos do noivo, que é depois entregue ao barbeiro.

Ex. 3: Atirar dinheiro (At paray)

Performer: women *Collected by:* Kamil Musa *Noted by:* Aida Islam

O último ritual da cerimónia de casamento é a primeira noite de núpcias (Tur. gerdek), em que na casa é servido o jantar, onde são recitadas orações para o almoço e para o noivo, seguindo-se o casamento religioso.

Embora nas últimas duas décadas, devido à situação económica pouco invejável, a maioria da população trabalhe no estrangeiro, os elementos autênticos em vários segmentos da tradição cultural continuam presentes, especialmente nos casamentos. É claro que, sob a influência das tendências modernas (Internet, programas de televisão por satélite, etc.), é indiscutível o facto de outras formas de géneros musicais estarem integradas, embora permaneçam num círculo restrito entre os jovens.

Capítulo 10. O repertório musical tradicional dos últimos dias

Em termos de execução musical, o repertório Kodzadzik consiste em música vocal e instrumental. A forma da música vocal é o turku, e a da música instrumental é o hava, a dança do anel e algum turku na execução instrumental.

De acordo com a sua origem, este repertório de música tradicional é constituído por canções tradicionais e canções rumelianas de toda a região. As canções tradicionais são monumentos espirituais de acontecimentos e condições emocionais que, ao longo da história, deixaram uma forte impressão na vida quotidiana da população. Hoje em dia, algumas destas canções caíram no esquecimento porque perderam a sua função e objetivo originais. No entanto, muitas delas continuam a ser cantadas e representam uma base importante do canto feminino que é mais visível nos rituais de casamento, especialmente na noite de Henna. Quanto aos cantos da região mais alargada de Rumelian (de origem urbana ou rural de diferentes zonas), encontram-se sobretudo em execução instrumental com zurnas e tambores, representados no repertório do casamento.

Foto N.º 32: Na dança do anel

A forma turku nas canções tradicionais de Kodzadzik difere da turku na música rumeliana de origem urbana, em termos de conteúdo poético e estrutura, bem como em termos de construção musical.

As actuações instrumentais-hava em Kodzadzik continuam a ser executadas de acordo com uma ordem estabelecida e estão sobretudo associadas a casamentos, sendo os nomes derivados do rito em que são executadas, como, por exemplo, Bridal Hava, Groom Hava, etc. Além disso, os nomes de algumas havas contêm um qualificativo geográfico, por exemplo, Kodzadzik hava. As havas são melodias improvisadas livres (Tur. ezgi) com uma função específica que marca simbolicamente um rito de cerimónias rituais.

Entre as formas de dança, as mais populares são as danças de roda, que mantiveram os padrões e passos de dança até hoje. A dança é executada com música vocal e instrumental, mas apenas com um determinado ritmo, porque nas melodias não rítmicas (rubato) o passo não pode ser sincronizado com a pulsação rítmica.

Ex. 4: Dança do anel

Em termos de forma musical, no repertório atual de Kodzadzik estão representadas canções de uma parte, de duas partes e de três partes. Predominam as canções em duas partes, enquanto as canções em três partes são raramente representadas.

Das formas poéticas das obras literárias populares, nesta região estão representados o turku (Tur. türkü) e o mani (Tur. mani). Trata-se de obras cujos autores são anónimos e são transmitidas pela tradição oral. De acordo com o conteúdo temático, são maioritariamente líricas e, na forma turku, existem obras de conteúdo épico e heroico.

A forma turku, que se encontra no folclore da Anatólia desde o século XV e no património musical de Kodzadzik, é um reflexo da vida rural quotidiana e tem a sua própria história de criação. Estas canções são compostas por estrofes (Turk. bent) seguidas de refrões (Turk. nakarat). As estrofes são estruturas poéticas compostas por dois ou três versos que têm uma ligação temática mútua. A maioria das canções desta região contém duas estrofes e refrão, pelo que a canção adquire uma estrutura ABCB com vários tipos de rimas, como, por exemplo, aabb, abab, abbb e aaba.

A etimologia mani deriva da palavra árabe ma'na com significado de tradução literal e é considerada o tipo mais antigo e a criação poética turca mais curta. Na tradição musical de Kodzadzik ainda hoje é fomentada esta forma que contém normalmente quatro versos. Os versos têm uma estrutura de oito sílabas e a maioria rima na forma aaba e aaab. Os manis, que compõem a canção, quase nunca formam um todo temático.

As letras das canções têm uma estrutura silábica regular e irregular. Algumas delas carecem de coerência em termos de estrutura silábica ou de rima, pois são expressões espontâneas de emoções do homem comum, resultando em subtração, adição de novas palavras ou alteração de algumas em diferentes interpretações, pelo que a forma da poesia como um todo é desordenada. Em alguns casos, a mudança do texto deve-se à adaptação à melodia da canção. Este fenómeno é o resultado das deformações que ocorrem ao longo do tempo devido à transmissão verbal da obra. As canções mais caraterísticas deste género são: Dei mil (13-12-13-12), Hamdi be kardash (14-11-8-10), Anda noiva anda filha (13-11-15-11, 15-10 -15-10) etc.

Das canções em que o número de sílabas nos versos é idêntico, as mais comuns são exemplos com 7, 8 e 11 sílabas, mas também podem ser encontradas canções com 10, 12 e 13 estruturas silábicas. Quanto à língua das canções, quase todo o repertório é interpretado em dialeto turco local.

A música turca baseia-se numa sequência tonal modal da qual são formados makams (árabe. kama, posição, estar). Em termos musicais, o makam é definido como um movimento de acordo com regras, o que significa que embora as sequências tonais formem a base do makam, para a sua formação é necessário aplicar o movimento melódico de acordo com as regras dadas. Os makams variam consoante a altura dos tons iniciais, mas também consoante a direção do movimento da linha melódica (Tur. seyir, movimento na sequência tonal), que constitui o traço caraterístico de cada makam. Para além disso, representa um conjunto de regras que determinam a posição e a importância dos tons no makam (Zeren, 2003: 95-112).

Ao contrário das canções do repertório rumeliano urbano mais vasto, que contêm maioritariamente toda a sequência tonal do makam, e algumas delas até extensões, a maioria das canções tradicionais rurais contém apenas alguns tons. Neste repertório local prevalecem as canções que variam na primeira parte da sequência tonal, tetracorde ou pentacorde, e algumas delas não dependem de makam específico. Estas sequências tonais têm uma certa função e estética na criação de uma melodia que, por vezes, soa tão melodiosa, embora se mova em apenas quatro ou cinco tons, e, por vezes, é tão lírica, pois contém todas as cores da natureza - modesta, mas rica. Os nomes dos makam designam uma nota importante na escala (por exemplo, Tur. Çargah, quarta posição), uma paisagem (por exemplo, Turk. Hicaz), uma pessoa (por exemplo, Turk. Kurdi), uma cidade ou uma abstração poética.

No repertório musical de Kodzadzik, as sequências tonais representadas estão nos makams Ushak, Hijaz, Kurdi, Husejni etc. Na maioria das canções prevalece o makam Ushak (Arab. Aşik, apaixonado), devido ao seu carácter que apresenta um lirismo caloroso e racionalidade (Özkan, 1987: 120). Ushak é um dos makams mais antigos que data do século XIV e é uma sequência tonal amplamente predominante na música turca. Para além da música clássica turca, é utilizada no repertório popular. O tom lírico do makam é adequado tanto para a música secular como para a espiritual.

Ex. 5: Levantar Muradije (Kalk kiz Muradiye)

Performer: Asim Asan *Collected by:* Aida Islam *Noted by:* Aida Islam

O segundo em representação é o Hijaz, que se apresenta exclusivamente sob a forma de tetracorde e pentacorde. O nome deste makam, que é considerado um dos mais antigos, vem do mesmo nome da Península Arábica ocidental. Este makam é adequado para exprimir sentimentos calorosos e contém uma segunda aumentada, que é um intervalo caraterístico da música turca. Devido ao seu efeito calmante, o makam de Hijaz tem sido frequentemente utilizado em musicoterapia.

Os padrões rítmicos chamados usuls constituem o segundo elemento básico da música turca e representam estruturas métricas em que os batimentos com força variável (pesado, semi-pesado e leve) dentro de um compasso têm uma determinada sequência (Özkan, 1987: 561).

O ritmo na canção popular tradicional é muito variável e, enquanto categoria funcional, o seu valor estético é visto como uma acentuação e, portanto, como um enriquecimento da fatura sonora.

No repertório musical de Kodzadzik estão representados usuls simétricos e assimétricos. No repertório é evidente o domínio dos ritmos assimétricos. Dos padrões rítmicos assimétricos domina o usul Turk Aksak 5/8, Devr-i Hindi 7/8 e Aksak 9/8, e dos simétricos Sofyan 4/4 e Nim Sofyan 2/4.

Ex. 6: Porque estás triste (Ne mahzun durusun gönül karçindadir)

Performer: Mehmet Perviz *Collected by:* Aida Islam *Noted by:* Aida Islam

Em geral, a prevalência do ritmo assimétrico na música rumeliana deve-se em grande parte ao facto de este ritmo seguir melhor a estrutura prosódica das formas poéticas representadas nas canções. As estruturas irregulares representam os componentes mais belos e mais ricos caraterísticos de toda a música turca, especialmente da música da região rumeliana (Sarisozen, 1962).

O repertório instrumental dos casamentos em Kodzadzik ainda hoje é executado com instrumentos tradicionais - 2 zurnas e 2 bombos. O conjunto completo era indispensável em todas as ocasiões no passado, o que, de facto, é uma confirmação da continuidade da tradição musical.

Foto n.º 33: O conjunto completo

A zurna é um instrumento de sopro de madeira com palheta dupla, com timbres sonoros agudos e penetrantes. Nos conjuntos tradicionais, um dos tocadores de zurna conduz sempre a melodia e o outro segura o bordun (Tur. dem). Típico da execução da zurna é a variação constante das melodias vocais e de dança estabelecidas com a atualização da melodia básica: mudam o attaca e o staccato na interpretação que abunda em melismas e uivos nos micro intervalos caraterísticos. Os sons rangentes das zurnas produzem associações sonoras ou paradigmas sonoros tocados num andamento livre, geralmente herdados dos anteriores tocadores de zurna.

Foto n.º 34: Jogadores do Zurna

Os bombos que são utilizados nesta região têm uma dimensão maior do que o habitual para conseguir o som impressionante e alto. Os tocadores de tambor continuam a ser os grandes portadores da execução do repertório nas manifestações colectivas e, muitas vezes, juntam-se aos que tocam. Eles, juntamente com as zurnas, ajustam o ritmo do toque ao ritmo da dança, o que confirma a tradição de sincronização entre a música, os movimentos e o estado de espírito do líder da dança de roda. Durante o espetáculo, os tocadores de tambor prendem a atenção dos participantes e aquecem o ambiente com posições teatrais. Embora os tambores e as zurnas formem uma simbiose, a musicalidade conjunta dos dois instrumentos acontece de forma notavelmente independente - os pontos iniciais e finais são comuns e manifestam-se durante a execução dos tambores.

Foto n.º 35: Os tocadores de tambor davul

Estes conjuntos de música tradicional executam havas e danças de roda com múltiplas repetições dos tocadores de zurna, prolongando assim a duração da atuação. Particularmente interessante é a execução das canções na já referida forma turku, onde, devido à ausência de letra, a execução pode ser em variantes livres, ou ter tendência para substituir a voz.

Capítulo 11. Variantes

Na tradição musical de Kodzadzik estão presentes canções que podem ser encontradas também noutras regiões geográficas onde vive a população turca na Macedónia do Norte e também na região mais alargada. Estas canções são o resultado de caraterísticas específicas das diferentes áreas formadas em função das condições históricas, sociais e culturais. Por conseguinte, estes exemplos musicais tornam-se variedades regionais com fortes caraterísticas locais e caraterísticas distintivas do estilo de execução. Mas, ao mesmo tempo, nas formas herdadas de cada região encontram-se muitas variações individuais resultantes da transmissão oral e de momentos espontâneos de inspiração.

As canções do repertório musical de Kodzadzik que prevalecem na tradição musical das aldeias turcas da Macedónia Oriental são Arzu e Kamber, Kara Yusuf e Ham di. As diferenças entre estas canções são evidentes em termos de alterações poéticas, bem como de alterações na estrutura melopoética.

No primeiro exemplo, a história dos jovens amantes Arzu e Kamber, de acordo com algumas fontes, é originária de Teke-Tashkopru, Kastamonu (Anatólia Central) (Şenel, 2002: 28, 51) e encontra-se também na aldeia Konche (Macedónia Oriental). As diferenças na letra dos três exemplos são evidentes. Além disso, ao contrário do exemplo da Turquia que está em ritmo 3/8 e no makam Ushak, as canções de Kodzadzik e Konche estão no usul Turk Aksak 5/8 e são cantadas no makam Husejni. Esta canção sobre o amor entre Arzu e Kamber é muito popular e pode ser encontrada em várias zonas rurais da população turca, especialmente na Macedónia Oriental.

Um exemplo diferente é uma canção para o herói Kara Yusuf, que se encontra na aldeia de Chanakli (Macedónia Oriental). As diferenças em relação à canção de Kodzadzik estão relacionadas com a letra, a linha melódica e o makam. Nas duas variantes, o usul é idêntico (Turk Aksak 5/8), e são utilizados cinco tons da sequência tonal. No exemplo de Kodzadzik é representado o pentacorde de Rast (Kartal, 2002: 150), enquanto na outra versão o pentacorde de makam Ushak. Embora o tema em ambas as variantes se refira à mesma personagem, há diferenças no conteúdo da letra.

Outro exemplo deste tipo de mudança é a canção que Hamdi criou na Macedónia Oriental (Islam, 2005). É interessante notar que a mesma canção é cantada em Kodzadzik na língua macedónia, o que mostra a liberdade e a criatividade na transmissão do folclore. Quanto à melodia, não é idêntica à versão anterior e tem uma estrutura melódica mais simples que varia no pentacorde do Hijaz, enquanto a canção da parte oriental cobre uma gama tonal mais ampla no makam Kurdi. Em comparação com a versão de Chanakli, que tem uma forma de duas partes, em Kodzadzik esta canção é de uma só parte. E, em termos de estrutura rítmica, as diferenças são evidentes, porque a versão de Kodzadzik é cantada numa estrutura rítmica irregular, o usul Devr-i Hindi 7/8, enquanto a segunda versão está no usul Sofyan 4/4.

Ex. 7: Hamdi (Kodzadzik)

Performer: Necip Ilyas *Collected by:* Aida Islam *Noted by:* Aida Islam

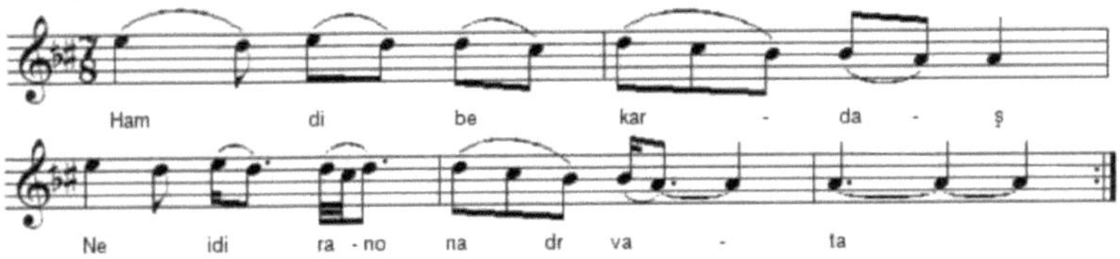

Ex. 8: Hamdi (Cahankli)

Performer: Muarem Hasanoski *Collected by:* Aida Islam *Noted by:* Aida Islam

Na coleção do compositor húngaro Bela Bartok (1881-1945) estão abrangidas canções melografadas na Anatólia em 1932 por informantes, membros da comunidade nómada Yuruk que habitava esta região da Turquia (Bartok, 1991: 158). Curiosamente, há uma canção na coleção (Canção n.º 59), que lembra muito a canção O rapaz que subiu a uma colina de Kodzadzik. Embora haja diferenças na letra e na melodia, algumas batidas de ambas as canções são quase idênticas, indicando que se trata de uma variante da canção da tradição vocal masculina. O facto de os indígenas de Kodzadzik serem originários de comunidades Yuruk que se estabeleceram a partir da Anatólia fornece uma explicação lógica para as possíveis semelhanças na tradição musical.

***

A tradição popular é uma das áreas mais importantes no desenvolvimento da civilização humana e o princípio geral de continuidade, no qual se baseiam todas as formas de atividade e cultura humanas. De facto, a sua transmissão de geração em geração é a soma das realizações culturais e representa um indicador importante de uma dimensão filosófica e antropológica do movimento cultural.

A par da modernidade e do desenvolvimento, cada geração compreende a arte popular de uma forma diferente, fazendo-a passar pelo filtro dos seus próprios termos, do seu próprio mundo e das suas próprias categorias axiológicas intelectuais e sensuais.

REFERÊNCIAS

Bartok, Bela. Trans. Bülent Aksoy (1991). *Kügük Asya'dan türk Halk musikisi.* Istanbul: Pan

Baştav, Şerif. (1999). *Osmanli Imparatorlugu'nun Kuruluyunda Bizans ve Avrupa",* Osmanli, C. 1, Yeni Türkiye Yayinlari, 173

Belviranli, A. Kemal. (1975). *Musiki Rehberi, Dini Musikisi.* Konya: Netve Yayinlari

Boratav, Pertev. (1969). *100 Soruda TürkHalk Edebiyati.* Istambul: Gergek Yayinevi

Bose, Fritz. (1975). *Ethnomusicologija.* Beograd: Univerzitet umetnosti

Bowie, Fiona. (2006). *The Antropolgy of Religion [A Antropologia da Religião].* Blackwell Publishing Limited

Gökbilgin, M. Tayib (1957). *Rumeli'de Yörükler, Tatarlar ve Evladi Fatihan,* Istanbul Üniversitesi Edebiyat Fakültesi Yayinlari. Istambul, n.º 748, 338

Gökgen, Ibrahim. (1951). Makedonya Yörük Folkloru, *Türk Folklor Aratirma,* 1. c. 17. sayi 3c, Istambul, 52-61

Güler, Ali. (2000). *Hem^ehrimiz Atatürk (Atatürk'ün Soyu, Ailesi ve Ögrenim Hayati).* Karaman: Karaman Valiligi Yayinlari, Ari Ofset Basimevi

Castellan, Georges. (1995). *Balkanlar'in Tarihi 14-20. Yüzyil,* Istambul, 364

Cunbur, Müjgan. (2004). *Türk dünyasi edebiyatgilari ansiklopedisi, 2. Cilt.* Atatürk Kültür Merkezi Başkanligi

Cumbur, Müjgan. (1995). Klasik Edebiyatimizda Nevrüz, *Türk Kültüründe Nevruz Uluslararasi Bilgi $öleni Bildirileri.* Ankara

Mahfi, Egilmez. (2006). Gazi Paşa. *Radikal.* 05.03.2006, Istambul

Ekmekgioglu, I., C. Bekar, M. Kaplan (2001). *TürkHalk Oyunlari.* Istambul: Esin Yayinevi

Enciklopedija Jugoslavije. (1972). Zagreb: Izdanje i naklada Leksikografskog zavoda FNRJ, 163, 287

Hammer, Joseph. (1997). *Osmanli tarihi.* Egitim dizisi 29. Istambul: Milli Egitim Bakanligi Yayinlari, Bilim ve Kültür Eserleri Dizisi

Hammer, von Joseph. (1979). *Historija Turskog-Osmanskog carstva kn. 1.* Zagreb: Nerkez Smailagic

Jankovih, Qubica i Danica. (1939). *Narodne igre, kn. I.* Beograd

Kagar, Y. Gülgin. (2005). Arel-Ezgi-Uzdilek Kuraminda Artik Ikili Araligi ve Qe§itli Makamlara Göre Uygulamadaki Yansimalari. *Ara^tirma Bilimsel Yaym Ar§ivi.* *www.arastirmax.com/anahtar-kelimeler-747*

Kale, Eduard. (1982). *Uvod u znanost o kulturi.* Zagreb: Skolska knjiga

Kartal, Numan. (2003). Makedonya'nin Kocacik Türk Yerleşim Yrinde Nevruz Gelenegi. *Türksoy Dergisi.* maio

Kartal, Numan. (2002). *Atatürk ve Kocacik Türkleri.* Ankara: T.C. Kültür Bakanligi Yayinlari

Kaygisiz, Mehmet. (2000). *TürklerdeMüzik.* Istambul: Kaynak Yayinlari, 176-185.

Kilig, Filiz. (2000). Osmanli Devletinde ve Klasik Edebiyatimizda Nevrüz. *Türk Dünyasinda Nevruz Ügüncü Uluslararasi Bilgi $öleni Bildirileri.* Ankara

Levi-Stros, Klod. (1982). *Mitologike II.* Beograd: Prosveta I BIGZ

Lie, Edmund. (1983). *Kultura i komunikacija.* Beograd: Biblioteka 20.vek

Lisa, Zofija. (1977). *Estetika glazbe.* Zagreb: Naprijed

Özkan, I. Hakki. (1987). *Türk Musikisi Nazariyati ve Usulleri - Kudum Velveleri.* Istanbul: Ötüken Nesriyat

Öztuna, Yilmaz (1976). *Büyük Türk Musiki Ansiklopedisi. Istanbul: Milli Egitim Bakanligi*

Prosic, Mirjana. (1978). *Teorisko hipoteticki okvir za proucavanje poklada kao obreda prelaza.* Beograd: Prosveta

Rusic, B. ed. M. Krleza. (1962). Kodjadjik. *Enciklopedija Jugoslavije, br.5.* Zagreb: Leksikografski Zavod, str. 286

Sarisözen, Muzaffer. (1962). *Türk halk musikisi usuller.* Ankara: PUTC

Sözer, Vural. (2005). *Müzik Ansiklopedik Sözlük.* Istanbul: Remzi Kitabevi

§enel, Süleyman. (2002). *Musikili Arzu ile Kamber Hikayesi.* Istambul: Milenium Yayinlari

Tan, Nail. (2011). Atatürk ve Türk Halk Müzigi. *Kurtulu§ Sava§i Türküleri* (Ed. Hamdi Tanses).Istambul

Tarman, Süleyman (2011). *Ataturk ve Müzik.* Ankara

Toelken, Barre. (1996). *Dynamics of Folklore (Dinâmica do Folclore).* Imprensa da Universidade Estadual de Utah

Zeren, Ayhan. (2003). *Müzik Sorunlarimizin Üzerine Ara^tirmalar.* Istambul: Pan

No alfabeto cirílico

Горгиев, Слав)ан. (2002). Аспекты на истражуважсто на невестинското покривае, китеае и украсуваае на главата. *Македонски фолклор,* год. XXXV, бр. 68. СKonje ИФ "Марко

Цепенков", 137-159

Иванова, Радост. (1998). *Свадба као систем знакова.* Кодови словенских култура. Београд

Ислам, Аида. (2007). *Тонскиот систем на турската музика со краток преглед на историјата на турската музика и музичките форми.* СKonje: Култура

Ислам, А. (2005). Одразите на Отоманската музика во музичката култура на современата музичка култура на турската популаци)а во Р. Македонка (докторски труд)

Кънчов, Васил. (2004). Македония. Етнография и статистика. Пловдив, 1900.

(mk.wikipedia.org/.../Македонија._Етнографија)

Конеска, Елизабета. (2004). Јурурn. СKonje: Музе) на Македони)а

Коцо, Димче (1996). *Археолошка карта на Република Македонца.* Скоп)е: МАНУ. ISBN 9789989101069

Крстева, Ангелина. (2002). Некой ликовно-естетски обележ)а на ¡уручките носии во Македони)а. *Македонски фолклор, год.* XXXV, бр. 68. СKonje ИФ "Марко Цепенков", 159-171

Крстева, А. (1981). Традиционалниот вез од Битолско -Прилепската котлина и неговите трансформации. *Фолклорот и етнологцата на Битола и Битолско.* Битола: МАНУ; ДНУ - Битола и УНК Илинденски денови - Битола, 407-418

Лиманоски, Нщази. (1996). Маскираето Кај исламизираните Македонци некогаш и денес. Маск, Зборник на трудови од мегународниот симпозиум за "Обичаи и маски", Вевчани, Струга, 111-115

Лиманоски, Н. (1981). Исламизаци|ата во Битолскиот вилайет и етнички карактеристики на македонците муслимани. Фолклорот и етнологщата на Битола и Битолско. Битола: МАНУ; ДНУ - Битола и УНК Илинденски денови - Битола, 419-448

Македонски научен институт, София . (1995). *Македония и Одринско. Статистика на населението от 1873 г.* стр. 176-177

Матковски, Александар. (1992). *Македонца во делата на странските патописци.* Скои)е: Мисла

Матковски, А. (1986). 1уруците од Македонка во некой турски документа. *Етногенезата на Ауруците и нивното населуваке на Балканот.* стр.39-47. Скои)е: МАНУ

Милетич Др. Лубомир. (1918). Исторически и художествени паметници въ манастира Св. Иванъ Бигоръ (Дебърско). *Списание XVI на Българската Академия на науките.* София: БАНУ, 30-32

Мирчевска, П.Мир)ана. (2007). *Вербални и Невербални Етнички Симболи во Горна Река.* Скои)е: Институт за етнологи)а и антропологи)а,УКИМ

Паликрушева, Галаба (1986). Етнографските особености на Македонските 1уруци. *Етногенеза на Ауруците и нивното населуваке на Балканот.* стр. 69-74 Скои)е: МАНУ

Пенушлиски, Кирил. *(1999). Македонски Фоклор -историски преглед.* Скои)е: Матица македонска

Пиличкова, Севим. (2012). Обредниот циклус на Хдерлез (Гурговден) Кај Турците од Република Македонка - порано и денес. *Етнолог.* Скои)е: Македонско етнолошко друштво, 72-79

РусиБ, Бранислав. (1957). *Жупа Дебарска.* Скои)е

Симс, М., М. Стивенс. (2010). *Жив фолклор - Вовед во проучуватето на лугето и нивните традиции.* Скои)е: Академски печат

Станинска, П. Снежана. (1999). *Ами Буе за Македонца.* Скои)е: Менора

Старделов, Г., Д. Ортаков, Д. Бужаровски (едт). (1999). *Музиката на почвата на Македонца.* Кнн.7, дел I - II. Скои)е: МАНУ

Стахановски, Александар. (2006). *Македонца под турската власт (статии и други прилози).* Скои)е: ИНИ

Стахановски, А., Д. Горгиев. (2001). *Населби и население во Македонца - XV и XVI.* Скои)е: ИНИ Државен Архив на Р. Македонка

Сто)ановски, Александар. (1989). *Македонца во турското средновековие (од Крајот на XIV - почетокот на XVIII век).* CKonje: Култура

Сто)ановски, Александар. (1986). Неколку прашажа за 1уруците во Кустендилскиот Санцак. *Етногенеза на Јурууите и нивното населуваке на Балканот.* CKonje: МАНУ, 29-37

Тевфик, Мехмед, прев. Елезовик Глиша. (1933). *Кратка историја Битолског вила)ета.* Београд: Штапмпари)а Драг. Грегорича

Вакарелски, Христо. (1935). Забулването на невестата. *Известия на българското етнографическо дружтво, III,* София, 97-111

Величковска, Родна. (2012). *Македонското традиционално народно пее/ье хрестоматца со мелопоетска анализа.* CKonje: Маска

Вражиновски, Танас.(1999). Народна традицн)а религн)а, култура. *Прилози за истражуваке на историјата на културата на почвата на Македонца.* CKonje: Институт за литература, 6-18

Токарев, М., К. Анастасов. (2002). Историските услови за урбанистичко-архитектонскиот разво) на Битола на преминот од 19. Во 20. век - периодот од пресТојоТ на Кемал Ататурк. *Македонски фолклор бр. 61.* CKonje: ИФ "Марко Цепенков", 19-34

Томовски, Крум. (1986). 1уручките куки во Македонка. *Етногенеза на Јурууите и нивното населуваnье на Балканот.* CKonje: МАНУ, 89-104

Трухелка, Др. Еиро. (1936). О македонским 1уруцима. *Зборник за историу)ужне Србца и суседних области, кн.* 1, CKonje: Скопско научно друштво, 327-354

Шулц, А. Е., Р. Х. Лавенда. (2009). *Културна антропологца, гледишта на човековата состојöа.* CKonje: Просветно дело

Interlocutores

Sabahattin Sezair (65), professor reformado da escola primária *Nedzati Zekerja (Necati Zekeriya)* em Kodzadzik, membro do Conselho de Administração do *Kodzaturk.*

Shenol Kaplan (31), professora na escola primária *Nedzati Zekerja (Necati Zekeriya)* em Kodzadzik, membro do Conselho de Administração do *Kodzaturk.*

Kadir Arif (28 anos), imã da mesquita de Kodzadzik, mestre em Filosofia e Estudos Religiosos, professor na escola primária *Nedzati Zekerja (Necati Zekeriya)* em Kodzadzik.

Agim Sadovski - Majo (47), músico, baterista de Debar Yusuf Iljas (31), diretor da escola primária *Nedzati Zekerja (Necati Zekeriya)* em Kodzadzik.

Ertan Izeti (33), professor na escola primária *Nedzati Zekerja (Necati Zekeriya)* em Kodzadzik.

Kjamil Shemsi (30 anos), professor na escola primária *Nedzati Zekerja (Necati Zekeriya)* em Kodzadzik e no ginásio (escola secundária) *Ata* em Centar Zupa.

Naim Usein (27 anos), professor na escola primária *Nedzati Zekerja (Necati Zekeriya)* em Kodzadzik.

Intérpretes

Sibe Durmis (45), dona de casa

Sebahat Gotak (43), dona de casa

Grupo Majovci de Debar, músicos

Asim Asan (55), professor na escola primária *Ned^ati Zekerja (Necati Zekeriya)* em Kodzadzik

Necip Ilyaz (25), funcionário do Município de Zhupa

Muarem Hasanoski (69) v. Chanakli, agricultor

***

Gratidão a todos os interlocutores e intérpretes que deram o seu contributo para a realização deste livro

MIX
Papier aus verantwortungsvollen Quellen
Paper from responsible sources
FSC® C105338

Printed by Books on Demand GmbH, Norderstedt / Germany